Gösta Clemens Peter

MÜNSTER
LEBENSWERTESTE STADT

2. Auflage

münstermitte
medienverlag

Auf einen Blick

Auf ein Wort

Nachdem die 1. Auflage meines Buches vergriffen ist, habe ich mit viel Freude eine Neuauflage in Angriff genommen. Schließlich gibt es zwischen all den wundervollen Stadtansichten immer wieder neue beeindruckende Motive zu entdecken. Und wie alle Städte unterliegt auch Münster dem Wandel. Neues wird behutsam – und das unterscheidet die Stadt von vielen anderen Städten – zwischen historische Bauten gesetzt, die Balance zwischen Tradition und Moderne, eben dieser einzigartige Münster-Charakter, wird bewahrt.

Münster – Universitätsstadt, Stadt der Kirchen, Wissenschaftsstadt, Beamten- und Studentenstadt, Bischofsstadt, Stadt der Kunst und Kultur, Stadt der Wiedertäufer und des Westfälischen Friedens, Fahrradhauptstadt und . . . . . lebenswerteste Stadt. Man hat Münster im Laufe der Jahre und Jahrhunderte schon viele Titel und Attribute, viel Bewunderung und Lob, aber auch Tadel zukommen lassen, wie z.B.:

vornehm und stilvoll | beeindruckend und traditionsreich | stur und konservativ | historisch und malerisch | lebendig und sympathisch | provinziell und teuer | liebenswert alt und aufregend jung | Heimat des Regens | Stadt des ewigen Glockenläutens | unter Deutschlands Schönen eine der Schönsten.

Die schönen Seiten der Stadt müssen allerdings deutlich überwiegen. Nicht umsonst wurde Münster 2004 als lebenswerteste Stadt der Welt und 2011 als schönste Stadt Nordrhein-Westfalens ausgezeichnet und eines unserer schönsten Gebäude, das historische Rathaus, ist schließlich 2015 mit dem „Europäischen Kulturerbe-Siegel" geehrt worden.

Ich hoffe, dass mein Bilderbogen mit den bunten Stadtansichten Sie die Stimmung spüren lässt, die unsere Stadt so herrlich unverwechselbar und so herrlich lebenswert macht.

Gösta Clemens Peter
Begeisterter Münsteraner

Giebelhäuser, Bogengänge & Boutiquen

Der Prinzipalmarkt – Münsters gute Stube

Wo gibt es eine Stadt mit einem Platz wie den Prinzipalmarkt? Münsters gute Stube ist ein Stück lebendiger Stadtgeschichte. Während hier früher Marktweiber unter den Bögen Obst und Gemüse feilboten, laden die Bogengänge heute mit exquisiten Geschäften zum Bummeln und Einkaufen ein – gleich bei welchem Wetter.

Die prächtigen Giebelhäuser zu beiden Seiten des Prinzipalmarkts entführen in eine Welt vergangener Zeiten. Aber die Häuser am Prinzipalmarkt sind nicht so alt wie sie aussehen. Böse Zungen sprechen von einer Kulisse à la Hollywood. Während des 2. Weltkriegs wurde die Altstadt zu 91% zerstört. Auch der Prinzipalmarkt war dem Erdboden gleichgemacht. Ein Wiederaufbau aus Schutt und Asche erschien zunächst unmöglich. Außerdem gab es Diskussionen um das Wie. Schließlich fiel im Rat der Stadt die historische Entscheidung, den Prinzipalmarkt orientiert an dem mittelalterlichen Stadtgrundriss und seinen historischen Strukturen wieder aufzubauen. Verspottet als „Heimattümelei der sturen Westfalen“ von den Nachbarstädten, die ihre zerbombten Innenstädte als Chance für eine Neuorientierung auch im Hinblick auf den zunehmenden Autoverkehr und den damit verbundenen Wunsch nach einer autogerechten Stadt ansahen, standen Münsters Bürger hinter dieser Rückbesinnung. Die charakteristischen Giebelhäuser wurden in Anlehnung an die alten Formen neu gebaut.

GANT
PETZHOLD

Prinzipalmarkt am frühen Morgen

Das Bild des Prinzipalmarkts knüpft heute wieder an das der Vorkriegszeit an, an der Nordseite abgeschlossen durch den Lambertikirchturm und an der Südseite begrenzt durch den grünlich glänzenden Stadthausturm. Dazwischen umsäumen 48 dreigeschossige Giebelhäuser – eines schöner und ausdrucksvoller als das andere – den Prinzipalmarkt. Schulter an Schulter stehend bilden sie die charakteristische und in den Logos der Geschäftsleute vielfach stilisierte „Zickzacklinie“ und schauen auf das geschäftige Leben in Münsters guter Stube. Vor der historischen Kulisse werden Staatschefs und Könige auf dem roten Teppich willkommen geheißen, finden Demonstrationen statt, begrüßt der Karnevalsprinz sein närrisches Volk, ziehen Schützenvereine auf, passieren Sportveranstaltungen wie der Münsterland-Giro und der Münster-Marathon und ziehen Prozessionen vorbei.

Stadthausturm 1

2 Giebelhäuserreihe

Und nicht nur Münsteraner lieben das Flanieren „unter'm Bogen". Prächtig geschmückt mit Blumenampeln – im Sommer bevorzugt Geranien – im Herbst mit bunten Laternen und in der Weihnachtszeit mit beleuchteten Adventskränzen ist der Prinzipalmarkt auch für die zahlreichen Touristen ein Erlebnis.

Unter den Bögen 3

Das schönste der Giebelhäuser am Prinzipalmarkt ist natürlich das weitgehend originalgetreu wieder aufgebaute und 1956 eingeweihte Rathaus, ein gotischer Bau aus dem 14. Jahrhundert. Hier schrieb Münster Weltgeschichte! Sein ehemaliger Ratssaal, der sog. Friedenssaal, war Schauplatz von Verhandlungen zum Westfälischen Frieden (1643–1648). Als Würdigung dieser Tatsache hat die Stadt die Ratskammer in demselben Zustand erhalten, in dem die Friedensgesandten sie verlassen haben. In weiser Voraussicht war die Ausstattung im 2. Weltkrieg ausgelagert worden und konnte deshalb gerettet werden.

Rathausgiebel mit Stadtfahne

Kopfreliefs der Wiedertäufer an den Rathaus-Säulen 1

2 Portraits der Friedensgesandten im Friedenssaal

Historisches Rathaus 3

Auch die Europäische Union hat Münsters historisches Rathauses als „Stätte des Westfälischen Friedens“ jetzt als Meilenstein in der Entwicklung des heutigen Europas gewürdigt und im April 2015 mit dem Europäischen Kulturerbe-Siegel ausgezeichnet.

Rathaus und Stadtweinhaus

Das Stadtweinhaus in unmittelbarer Nachbarschaft zum Rathaus beherbergte früher die Stadtwaage und die Weinvorräte der Stadt, für die der Rat das Monopol besaß. Von dem vorgesetzten Balkon, dem Sentenzbogen, wurde damals das Todesurteil, die sog. sententia, verlesen. Heute wird er für freudigere Anlässe benutzt.

Weihnachtlicher Prinzipalmarkt 1

2 Hansemahl auf dem Prinzipalmarkt

3 Lambertibrunnen Richtung Prinzipalmarkt

Leezen, Zweiradautobahn & ein Speichen-stall mit Waschanlage Fahrradhauptstadt Münster

Bei keiner anderen Erfindung ist das Nützliche mit dem Angenehmen so innig verbunden wie beim Fahrrad, sagte schon Adam Opel.

Genau das müssen auch die Münsteraner denken, wenn sie bei Sonne, Wind und Regen auf zwei Rädern in der Stadt unterwegs sind, egal ob Studentin oder Geschäftsmann, ob Nonne oder Polizist. Hier fährt jeder Fahrrad bzw. mit der Leeze, wie es in Münster heißt. Es bzw. sie ist das meistgenutzte Verkehrsmittel und so wundert es nicht, dass täglich mehr als 100.000 Menschen mit dem Fahrrad unterwegs sind. Immerhin bietet Münster auch ein über 300 km langes Radwegenetz samt bequemen Sonderregelungen wie extra ausgewiesenen Fahrradspuren und eigener Ampelschaltung sowie Fahrerlaubnis auch in besonders gekennzeichneten Einbahnstraßen.

Hinzu kommt eine Zweiradautobahn in Gestalt eines Grüngürtels um die historische Altstadt, die sogenannte Promenade, auf der man in der Innenstadt schneller als mit dem Auto sein Ziel erreicht.

schnitzler
viehoff
ARKADE
HAUS MONHOF
schnitzler
Zumnorde
SIGNORA

Fahrräder vor der Diözesanbibliothek am Überwasserkirchplatz

In Münster gibt es mehr als doppelt so viele Räder wie Einwohner. Im Durchschnitt kommen sogar 2,3 Räder auf einen Einwohner. Dies hat einen einfachen Grund: Viele sind auf ihr Rad angewiesen und sollte es einmal kaputt sein oder wegen übermäßigen Alkoholkonsums noch vor einer der zahlreichen Kneipen im Kuhviertel parken, muss ein zweites Rad als Ersatz im Hause sein. Es heißt aber auch, dass der Münsteraner eines – meist ein schlechteres – für den Alltag, eines „für fein" bzw. für längere Touren und 0,3 „zum geklaut werden" benötigt.

Allerdings verschwinden pro Jahr auch ca. 6000 Fahrräder, wobei die Sonderkommission „Speiche" bei der Polizei davon ausgeht, dass die Dunkelziffer erheblich höher liegt.

Parkende Räder auf der Promenade | 1

2 | Radfahrer auf dem zugefrorenen Aasee

... ich fahr mit meinem schönen Rad ach so gerne in die Stadt... | 3

Radstation am Bahnhof

Bei dieser Menge von Fahrrädern ist es kein Wunder, dass sich in Münster mit 3500 Stellplätzen auch Deutschlands größtes Fahrradparkhaus sogar mit einer Fahrradwaschanlage befindet.

Auch wenn damit vor dem Bahnhof jetzt mehr Ordnung herrschen sollte, gehört das Fahrradchaos zum Stadtbild – auch am Bahnhof, denn nicht selten stehen dort immer noch hunderte ordnungsgemäß aber auch wild geparkte Räder.

Für die Förderung und Bemühungen um den Fahrradverkehr wurde Münster bereits mehrfach ausgezeichnet und gilt als Vorbild für viele Städte im In- und Ausland.

1 Auch Münsters Oberbürgermeister Markus Lewe ist mit dem Rad unterwegs

2 Radler auf der Promenade

Auch für Besucher gilt: Wer das richtige Münster-Gefühl erleben möchte, muss sich auf die Leeze setzen.

Glaube, Hoffnung, Zuversicht

Stadt der Kirchen

Kirchen, insbesondere ihre aus der Ferne sichtbaren Türme, prägen das Bild der Stadt und so ist es nur natürlich, dass Münster mit seinen über 60 Kirchen auch den Beinamen „Rom des Nordens" trägt.

Zu den Kirchen kommen zahlreiche Orden und Ordensgemeinschaften, die das Glaubensleben in der Bischofsstadt ausmachen. Die Franziskanerinnen, Klarissen, Kapuziner und Alexianer sind nur einige von ihnen.

Nicht selten sind die Münsteraner daher auch als sehr fromm beschrieben worden, aber das ist Ansichtssache.

Bemerkenswert ist auf jeden Fall die Tatsache, dass in nur fünf Jahren (2001–2005) drei Seligsprechungen bekannter Personen aus dem Münsterland erfolgten: 2001 die Clemensschwester Maria Euthymia (1914–1955), 2004 die Mystikerin Anna Katharina Emmerick (1774–1824) und 2005 der Bischof von Münster Clemens August Graf von Galen (1878–1946).

Wir müssen miteinander reden.
—Gott
www.gott.net

1 Domtürme im Abendlicht

Astronomische Uhr 2

St. Paulus-Dom – Historischer Ursprung der Stadt

Mitten in der Stadt auf dem Horsteberg thront der mächtige St. Paulus-Dom, das Zentrum des Bistums Münster. Hier ist der historische Ursprung der Stadt. Liudger, der erste Bischof von Münster, gründete hier das erste Kloster. Der Dom mit seinen markanten Türmen ist die dritte Kirche an dieser Stelle und wird als Gesamtkunstwerk gelobt. Herausragendes Kunstwerk, ja sogar technisches Wunderwerk des Spätmittelalters ist die astronomische Uhr im Dom mit Glockenspiel, Umzug der Heiligen Drei Könige und einem bis ins Jahr 2071 gehenden Kalender.

In der Ludgeruskapelle des Doms wurde der Münstersche Bischof Clemens August Graf von Galen, (1878–1946), der Löwe von Münster, beigesetzt. Seine Predigten gegen das nationalsozialistische Regime erregten weithin Aufsehen.

1 St. Lamberti

2 Blick vom Drubbel auf St. Lamberti

Türmerin Martje Saljé 3

Wiedertäufer-Käfige 4

St. Lamberti – Kirchturm mit Türmerin und Käfigen

Die zwischen 1375 und 1450 erbaute Markt- und Stadtkirche St. Lamberti liegt am Kreuzungspunkt der ältesten Handelsstraßen Münsters.

In ihrer Turmspitze liegt das „höchste Dienstzimmer" der Stadt. Hier arbeitet die Türmerin. Zwischen 21:00 und 24:00 Uhr ist halbstündig das laute Tuten ihres Horns zu hören. Tradition hat in Münster einen hohen Stellenwert. Auch wenn die Türmerin damit nicht mehr wie früher vor herannahenden Truppen warnt, haben ihre unmittelbaren Vorgänger aus der Türmerstube schon vor der Feuerwehr Brände entdeckt.

Ihre große Bekanntheit verdankt die St. Lamberti-Kirche der Wiedertäuferbewegung und der damit verbundenen furchtbaren Geschichte der drei Käfige oben am Turm, in denen die Leichen der zu Tode gefolterten Anführer der Täufer als abschreckendes Beispiel zur Schau gestellt wurden.

Liebfrauen-Überwasser – Enthauptet aber imposant

Der eigentümliche Name der Kirche leitet sich von ihrem ursprünglichen Namen „Santa Maria trans aquas" ab und kennzeichnet die älteste Marienkirche des Bistums damit als vom St. Paulus-Dom aus gesehen jenseits der Aa gelegen, also „über dem Wasser".

Der imposante, fast quadratische Turm der nach dem Dom ältesten Kirche der Altstadt wurde zwei Mal enthauptet, einmal durch die Wiedertäufer, die den ursprünglich doch schlanken Helm in die Tiefe stürzten, um die verbliebene Plattform für ihre Kanonen zu benutzen, und 1704 ein zweites Mal, als sein Nachfolger einem Sturm zum Opfer fiel. Danach wurde er aufgrund fehlender finanzieller Mittel nicht wieder aufgebaut.

Überwasserkirche

2 Krone an der Clemenskirche

Kanzel im Innern 3

1 Empore der Clemenskirche

Clemenskirche – Schlaun'sches Kleinod

Mit dem Grundriss eines unregelmäßigen Sechsecks wurde die wunderschöne Clemenskirche, der bedeutendste barocke Kirchenbau Nordwest-Deutschlands, von dem bekanntesten westfälischen Barockbaumeister Johann Conrad Schlaun (1695–1773) als Hauskirche des Clemenshospitals errichtet. Die Kirche ist nicht nur von außen sehenswert, sondern hat auch einen prachtvollen Innenraum.

Clemenskirche 4

St. Ludgeri

St. Ludgeri – Eigenwillig aber reizvoll

Direkt mit drei Türmen wartet die St. Ludgeri-Kirche auf. Sie ist im Kern romanisch, wurde durch einen gotischen Chor erweitert und hat dazu noch unterschiedliche Türme, nämlich einen Vierungsturm und zwei kleine Westtürme.

In der Silhouette der Stadt ist der „bekrönte" imposante Ludgerikirchturm einer der schönsten.

St. Martini – Wechselvolle Geschichte mit verschiedenen Baustilen

Heute ist die St. Martini-Kirche die erste Jugendkirche im Bistum Münster. Ursprünglich als römische Basilika erbaut, wurde sie in der Mitte des 14. Jahrhunderts „modernisiert" und in eine dreischiffige gotische Hallenkirche umgebaut. Nachdem ihr Kirchturm zunächst den Wiedertäufern zum Opfer fiel, ging er schließlich während des Siebenjährigen Krieges in Flammen auf. Heute zeigt die Kirche eine eher elegante Form der Turmspitze über einem sehr figurenreichen 4. Stockwerk.

1 St. Martini

2 Apostelkirche

Apostelkirche – Die Turmlose unter den Schönen

Die Apostelkirche, älteste Minoritenkirche Westfalens und heute evangelische Hauptkirche der Stadt, wurde in der zweiten Hälfte des 13. Jahrhunderts erbaut. Sie hat keinen Turm und zeigt sich damit schlicht wie es sich für einen Bettelorden (fratres minores = mindere Brüder) gehört.

Kreuzkirche – Wahrzeichen des Kreuzviertels

1898 bis 1902 wurde die Hl. Kreuz-Kirche im neogotischen Stil erbaut. Ihr fünfstöckiger Turm mit einer Höhe von 87 m ragt weit über das Kreuzviertel und prägt das Erscheinungsbild der auf einem Kreuzgrundriss mit sternförmiger Vierung stehenden Basilika.

1 Kreuzkirche

Petri-Kirche 2

Petri-Kirche – Hochschul- und Hochzeitskirche

Die katholische St. Petri-Kirche wurde zwischen 1590 und 1597 als Kirche des Münsterschen Jesuitenkollegs erbaut und steht stilistisch zwischen Gotik und Renaissance. Im 2. Weltkrieg fast komplett zerstört wurde sie nach alten Bauplänen wieder aufgebaut und dient heute in erster Linie als Kirche der Katholischen Studierenden- und Hochschulgemeinde, in der sie auch als Hochzeitskirche sehr beliebt ist.

Servatii-Kirche – Ort der Stille

Die Servatii-Kirche, die kleinste Kirche des mittelalterlichen Münsters, zählt zu den ältesten Kirchen der Stadt (erbaut um 1230). Da die Kirche noch auf dem ursprünglichen, mittelalterlichen Bodenniveau steht, wirkt sie im Vergleich zu den sie umgebenden Gebäuden etwas eingesunken.

1 Servatii-Kirche

2 Dominikanerkirche

Dominikanerkirche – Barockkirche mit außergewöhnlicher Akustik

Mit der barocken Kuppel und ihren beiden Türmen mit den welschen Hauben ist die Dominikanerkirche ein Bauwerk, das vielleicht eher in südlichen Ländern als in der Westfalenmetropole zu erwarten ist. Auffallend ist neben dem Materialkontrast – Baumberger Sandstein an der Schaufront und roter Ziegel an den Wänden des Kirchenschiffs – auch die nüchterne Ausstattung im Inneren der Kirche. Wegen ihrer außergewöhnlichen Akustik finden hier regelmäßig Konzerte statt.

Studenten & Professoren, Forscher & Denker Universitätsstadt Münster

So imposant die von Johann Conrad Schlaun (1695–1773) und nach seinem Tod von Wilhelm Ferdinand Lipper (1733–1800) 1767 bis 1787 errichtete fürstbischöfliche Residenz, die seit 1954 offizieller Sitz der Uni ist, auch aussieht, hier rauchen nur wenige studentische Köpfe.

In dem prachtvollen Stadtschloss befinden sich die Verwaltung und das Rektorat aber nur wenige Hörsäle. Die Universität, gegründet 1780 von Franz Freiherr von Fürstenberg (1729–1810), fürstbischöflicher Minister und Generalvikar, ist im ganzen Stadtgebiet verteilt. Die einen, z.B. die Juristen und die Betriebswissenschaftler, residieren mitten in Münster und andere, z.B. die Psychologen, am Stadtrand.

Über 50.000 Menschen studieren und arbeiten an der Universität, die rund 120 verschiedene Studiengänge anbietet. Sie und die Fachhochschulen mit ihrem Verwaltungsapparat, ihren 250 Gebäuden in der Stadt und ihren Forschern und Denkern, Studierenden und Professoren prägen das Bild und das Leben der Stadt. Das beginnt bereits mit ihrer Präsenz im morgendlichen Fahrradverkehr.

Bettentürme des Universitätsklinikums

Die Westfälische Wilhelms-Universität, benannt nach Kaiser Wilhelm II., zählt zu den größten deutschen Hochschulen. Sie ist nicht nur der bedeutendste Imageträger, sondern gemeinsam mit dem Universitätsklinikum auch der größte Arbeitgeber der Stadt.

Als Hochschulstandort hat Münster Tradition. So ist z.B. die medizinische Fakultät mit über 70 Kliniken und Polikliniken sowie über 130 Professoren und 1000 weiteren Wissenschaftlern eine der größten und namhaftesten Deutschlands. Sie hat Münster auch die Bezeichnung „Gesundheitsstadt“ eingebracht. Die 62 m hohen weithin sichtbaren Bettentürme des Klinikums sind längst zum Wahrzeichen des Universitätsklinikums geworden.

Herausragende Beispiele für die Spitzenforschung an der Universität sind die Exzellenzcluster Religion und Politik sowie Cells in Motion. Hierzu zählen auch das Zentrum für interdisziplinäre Biowissenschaften und das Landeskompetenzzentrum für Informations-, Telekommunikations- und Medienrecht. Münster ist eben nicht nur sehr schön, sondern auch sehr klug.

Musikhochschule 1

2 Juridicum

Blick in einen Hörsaal 3

In der Westfälischen Wilhelms-Universität Münster bildet die Musikhochschule Münster einen eigenen Fachbereich mit der traditionellen Musikpflege bis zu den aus ihr gewachsenen vielfältigen Erscheinungsformen der Musik der heutigen Zeit. Etwa 300 Studierende aus der ganzen Welt werden von ca. 150 Lehrenden unterrichtet, begleitet und gefördert.

Der 1973 eröffnete Bibliotheksneubau im Krummen Timpen ist nicht nur Unibibliothek, sondern mit über 6 Millionen Bänden wissenschaftlicher Literatur auch Landesbibliothek für Westfalen. Vierzehn rote Leuchtbuchstaben von je über 2 m Höhe an seiner Fassade lösten nach ihrer Anbringung eine überregionale kontroverse Diskussion aus. Der über Eck installierte Schriftzug „GEHORCHE KEINEM“, ein Werk des Künstlers Babak Saed und Geschenk der Staatskanzlei Düsseldorf an die Bibliothek, wurde als Aufruf auch zur Anarchie und nicht nur zur kritischen Nutzung von Informationen interpretiert.

Universitäts- und Landesbibliothek

Die Fachhochschule Münster ist mit rund 13.900 Studenten in zwölf Fachbereichen und zwei zentralen wissenschaftlichen Einrichtungen eine der größten Fachhochschulen in Deutschland. Sitz der Fachhochschulverwaltung ist die Hüfferstiftung in der Hüfferstraße in unmittelbarer Nähe zum Schloss.

1 Hüfferstiftung

Mensa am Aasee 2

Und da Studieren bekanntlich auch hungrig macht, versorgt die Universität ihre Studenten und Mitarbeiter mit zwei großen und diversen kleinen Mensen, an der Uni auch scherzhaft „Fresstempel“ genannt. Die größte ist die Mensa am Ring, wunderschön gelegen ist die Mensa am Aasee. Gewählt werden kann zwischen verschiedenen Menüs, Eintopfgerichten, Salat- und Gemüsebuffets, Dessertvariationen und Essen aus dem Wok – alles ausgesprochen preisgünstig. Auch Gäste sind herzlich willkommen.

Statue Franz Freiherr von Fürstenberg 3

„Menschenbildung ist allzeit wichtigste Staatsangelegenheit.“ Die Statue des Gründers der Universität und Urhebers dieser Worte, Freiherr Franz von Fürstenberg (1729–1810), steht am Domplatz neben dem Haupteingang des zur Universität gehörenden Fürstenberghauses. Es kommt vor, dass seine Schärpe hin und wieder die Farbe wechselt, nämlich immer dann, wenn eine studentische Verbindung – wahrscheinlich in Nachtarbeit – es geschafft hat, ihn ganz für sich einzunehmen.

Aasee, Kanal, Hafen & noch mehr

Wasserspiele mitten in der Stadt

Mit Hamburg kann Münster, was die Wassermengen betrifft, zwar nicht mithalten, aber mit dem Aasee, dem Kanal, dem Hafen, kleinen Flüssen und dem Wasser von oben fließt hier schon eine ganze Menge Wasser durch die Stadt.

Ein Erholungsgebiet mitten in der Stadt, ein Paradies – je nach Jahreszeit – für Segler, Tretbootfahrer und Schlittschuhläufer ist der Aasee. Künstlich angelegt mit einer Wasserfläche von 40 ha und einer Länge von 2100 m wird er von der Münsterschen Aa mit ihrer Quelle in den Baumbergen Nähe Havixbeck gespeist.

Mit dem Wasserbus SOLAARIS, einem Aluminium-Katamaran mit moderner Solartechnik, kann man den Allwetterzoo und das Mühlenhof Freilichtmuseum gemütlich auf dem Aasee schippernd erreichen.

BROOKS
ANTENNE
MÜNSTER

1 Aaseeterrassen

2 Aasee in der Abendsonne

Und hier am Ufer des Aasees lässt es sich aushalten. Kaffee, Kuchen, Eis, Spaghetti oder Currywurst, eine Segelschule und ein Tretboot-Verleih locken im Sommer nicht nur Münsteraner an ihren See.

In direkter Nachbarschaft zum Aasee hat Münster in Sachen „Wasser" noch etwas ganz Besonderes zu bieten: eine Wellness-Oase für Dickhäuter. Das Badebecken für die Elefanten im wunderschönen Elefanten-Park des Allwetterzoos hat ein Fassungsvermögen von 585 cbm Wasser und ist an einer Stelle 2,60 m tief, so dass die Elefanten sogar untertauchen können. Wer möchte da nicht gerne Elefant sein!

1 Badefreuden im Elefanten-Park des Allwetterzoos

2 Die Aa mitten im Stadtgebiet

Mittendrin das Flüsschen Aa. Nachdem es den Aasee durchflossen hat, durchquert es das Stadtgebiet innerhalb des Promenadenrings und teilt es fast hälftig. Der Aa-Uferweg durch die Stadt bietet eine reizvolle Möglichkeit für eine Auszeit fern vom innerstädtischen Trubel.

Groß und mächtig begleitet von Fußgänger- und Radfahrwegen zieht der Dortmund-Ems-Kanal durch die Stadt. Eine hochmoderne Zwillingsschleuse sorgt dafür, dass täglich 30–40 Schiffe die Staustufe passieren können.

1 Dortmund-Ems-Kanal

Werse 2

Ein idyllisches Plätzchen finden Wasserliebhaber an der Werse. Von den Beckumer Bergen kommend passiert sie Münster und mündet schließlich in die Ems. Sie ist ein Eldorado für Paddler und Kanufahrer.

Man mag es kaum glauben, aber Münster hat tatsächlich einen Hafen. Vom in der Vergangenheit wichtigen Umschlagplatz für Güter hat der Hafen sich heute zu einer Partymeile entwickelt. Aber hier sitzen auch Münsters Kreative: Fotostudios, Architekten, Designer, Maler, Bildhauer, Illustratoren, Verlage und die Kunsthalle.

3 Hafen

Auf dem Prinzipalmarkt

Ja, und dann gibt es noch das Wasser von oben – den Regen. Der päpstliche Gesandte Fabio Chigi (1548–1611) nannte Münster, als er zu den Friedensverhandlungen (1643–1648) in der Stadt weilte, „Heimat des Regens". Dieser „Seufzer des Chigi" wird gerne und viel zitiert. Dabei liegt Münster gemessen an der Anzahl der Sonnenstunden laut Statistik noch weit vor anderen deutschen Städten und auch die jährliche Niederschlagsmenge soll in der Norm liegen.

Münsters Fahrradfahrer kann der Regen auf jeden Fall nicht erschüttern.

Museen, Theater, Denkmäler & Skulpturen

Stadt der Kunst und Kultur

Jetzt ist Münster im 20. Jahrhundert angekommen, hieß es etwas „ketzerisch" in einigen Medien anlässlich der Eröffnung des neuen LWL-Museums für Kunst und Kultur im Herbst 2014.

Was sich hier auftat – immerhin betrugen die Bau- und Errichtungskosten auch satte 48 Mio € – sorgte nicht nur deutschlandweit für Beifall. Und den hat nicht nur der Neubau mit seiner markanten Gebäudespitze und der sog. „Architektur der Höfe", der zwei städtische Plätze miteinander verbindet, sondern das gesamte Museum mit seinen 7500 qm Ausstellungsfläche (360 qm größer als ein Fußballfeld) wahrlich verdient.

Vom Mittelalter bis zur Moderne präsentiert das 1908 gegründete Haus heute mit 1200 Exponaten von Heinrich Brabender bis August Macke, von Lucas Cranach d. Ä. bis Gerhard Richter in 51 Ausstellungsräumen über 1000 Jahre Kunstgeschichte. Träger des Museums ist der Landschaftsverband Westfalen-Lippe.

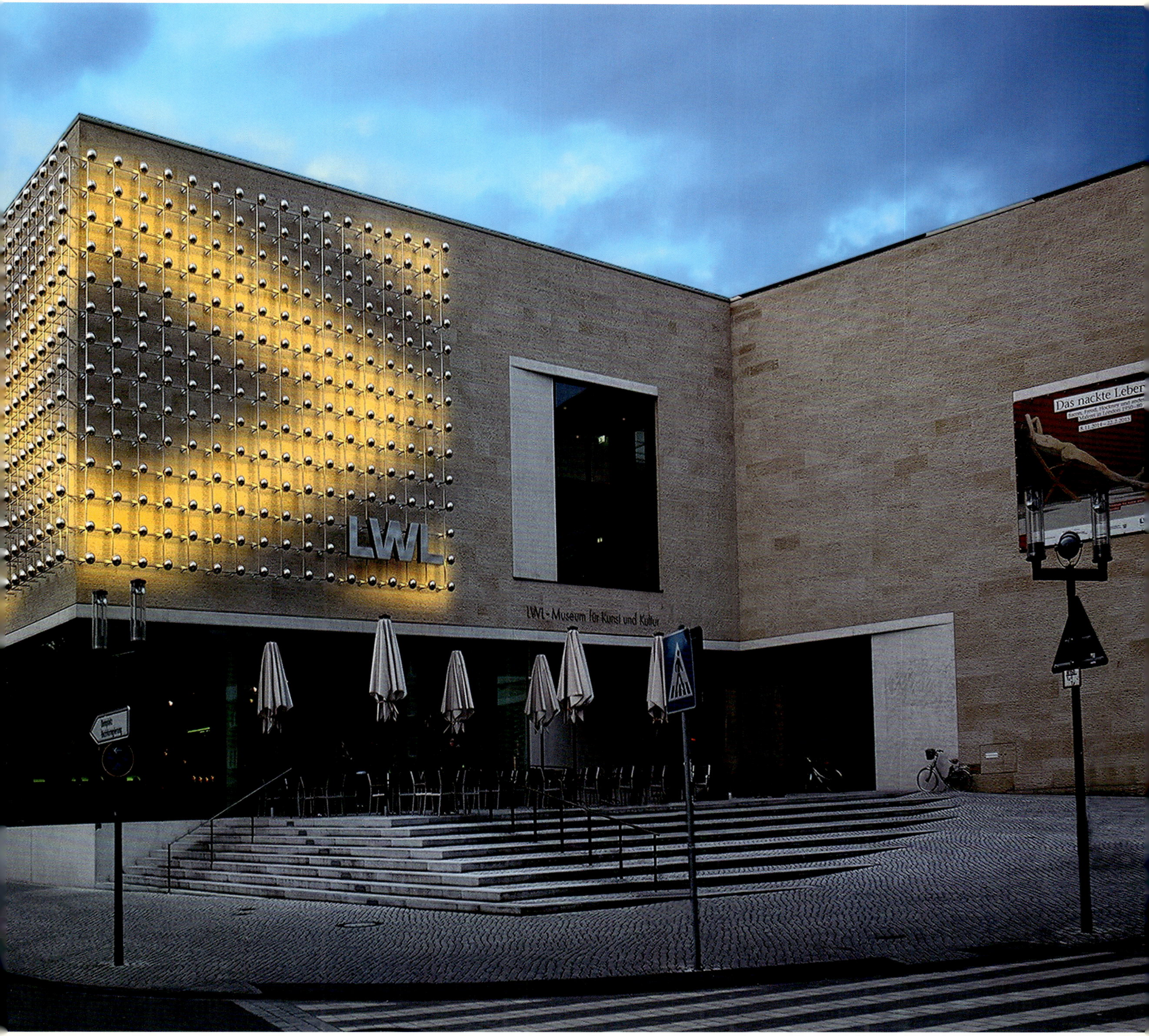
LWL
LWL-Museum für Kunst und Kultur

Blick vom Domplatz auf das LWL-Museum für Kunst und Kultur

In unmittelbarer Umgebung befinden sich das Geomuseum (auf einer Ausstellungsfläche von 1300 qm soll es die erdgeschichtliche Entwicklung Westfalens vom Urknall bis heute erlebbar machen), das Bibelmuseum (es erzählt die Geschichte der Bibel von ihren handschriftlichen Anfängen bis heute anhand von Originalen, wie z.B. einer Lutherbibel aus dem Jahr 1545 mit eigenhändiger Widmung des Reformators) sowie das Archäologische Museum (mit Kunst und Kunsthandwerk antiker Kulturen des Mittelmeerraumes und des Vorderen Orients). Hier hat sich in Sichtweite des Doms zusammen mit der an dessen Ostseite angesiedelten Domkammer, die als eine der bedeutendsten Schatzkammern Europas gilt, ein attraktives Museumsviertel entwickelt.

Das Museum Pablo Picasso ist in Deutschland einzigartig. In wechselnden Ausstellungen werden hier Werke Picassos, seiner Zeitgenossen und seiner Künstlerfreunde gezeigt. Und aus der 2. Etage des Museums kann man ihn bewundern – den Kopf des Künstlers auf dem Piccassoplatz, ein Portrait aus 13783 Pflastersteinen. Eine originelle Würdigung des großen Meisters und seines gegenüberliegenden Museums.

2 Picasso-Museum

Blick auf den Picasso-Platz 1

Bockwindmühle im Mühlenhof-Freilichtmuseum 3

Die Bockwindmühle am Aasee steht für das Leben der einfachen Leute und vermittelt zusammen mit 30 weiteren historischen Bauten einschließlich Landschule und Dorfladen einen Eindruck vom Münsterland wie es früher einmal war. Mit der Wiedererrichtung der Bockwindmühle aus dem Emsland wurde 1961 das Mühlenhof-Freilichtmuseum eröffnet.

Das zur BASF Coatings GmbH gehörende Museum für Lackkunst in der Windthorststraße gilt als weltweit einzige Einrichtung dieser Art. Seine Sammlung umfasst ca. 1000 Exponate aus Europa, Russland, China, Japan und Korea sowie aus der islamischen Welt.

1 Museum für Lackkunst

Stadtmuseum 2

Hinter seiner Art-Deco-Fassade zeigt das Stadtmuseum in seiner Schausammlung und verschiedenen Sonderausstellungen Münsters politische und kulturelle Geschichte von ihrem Ursprung bis heute.

Als „Donnerschlag der Architektur“ wurde es bei seiner Eröffnung 1956 gefeiert: das Theater. Es vereint mit dem Musiktheater, dem Schauspiel, dem Tanztheater, dem Jungen Theater sowie dem Sinfonieorchester fünf Sparten unter einem Dach. Der Romberger Hof, der an derselben Stelle den Vorgänger-Bau, das Lortzing-Theater, beherbergte, wurde im 2. Weltkrieg zerstört. Seine Ruine wurde in den Neubau des Theaters integriert und stellt sich heute mit den Bäumen im Innenhof des Foyers wie eine natürliche Kulisse dar.

1 Theater

Wolfgang Borchert Theater im Flechtheim-/Rhenusspeicher 2

Kunst und Kultur hoch 2! Seit Herbst 2014 residiert eines der ältesten privaten Theater Deutschlands, das „Wolfgang Borchert Theater“, in einem Industriedenkmal, dem renovierten Flechtheim-/Rhenusspeicher, im Hafen. Zeitgenössische Stücke und eigenwillige Klassiker-Inszenierungen stehen hier auf dem Spielplan.

Aber nicht nur die beeindruckende Museumslandschaft, zu der auch die Ausstellungshäuser wie z.B. die Kunsthalle im Hafen und der Wewerka Pavillion am Aasee gehören, und die Theater, zu denen natürlich noch spezielle Häuser und Varietés hinzukommen, machen Münster zu einer Stadt der Kunst und Kultur. Auch beeindruckende Denkmäler und Skulpturen zeigen sowohl Traditionsverbundenheit als auch moderne Kunst: auf der einen Seite die beiden in Stein gemeißelten Dichterfürsten an der Lambertikirche oder das Kiepenkerl-Denkmal und auf der anderen Seite die in der Stadt verbliebenen Exponate der internationalen „skulptur.projekte“, die alle 10 Jahre den „state of the art“ der Kunst im öffentlichen Raum zeigen.

Kunsthalle im Hafen

Seit 1977 zeigt Münster mit dieser Ausstellung herausragenden Mut zur Moderne. Mit Skulpturen und Installationen renommierter Künstler wird die Stadt dann zu einem international anerkannten Ausstellungsraum für zeitgenössische Kunst, von Kennern hoch gelobt mittlerweile mit der „documenta" in Kassel auf eine Stufe gestellt und sogar besser bewertet als diese. Viele Kunstobjekte sind zwar nur temporär zu betrachten, einige aber bleiben für immer und einzelne – wie z.B. die Giant Pool Balls von Claes Oldenburg am Aasee – schaffen es sogar, eine Art Wahrzeichen zu werden.

Giant Pool Balls

Wie große Billardkugeln liegt die Formation der drei Betonkugeln mit einem Durchmesser von 3,5 m pro Kugel auf der Wiese vor dem Aasee, als würde sie darauf warten, jederzeit von einem Queue angestoßen zu werden. Direkt zur ersten Skulpturausstellung 1977 wurden sie von dem Künstler Claes Oldenburg dort aufgestellt. Nach Bürgerprotesten und Versuchen, sie in den Aasee zu rollen, sind sie jetzt nicht mehr vom Ufer wegzudenken. Allerdings sind sie nur ganz selten in ihrem ursprünglichen Zustand, nämlich betonfarben, anzutreffen. Meistens sind sie mit Graffitis und Plakaten übersät. Schließlich sind im Sommer auch die Sitz- und Liegeplätze um sie herum zum Sonnenbaden oder zum Grillen ausgesprochen begehrt.

Kirschensäule 1

Sie ist eines der Objekte der skulptur projekte 1987, das es schaffte, sich einen festen Platz in Münsters Stadtbild zu erobern: die 6 m hohe „Kirschensäule" von Thomas Schütte steht am Harsewinkelplatz, etwas Alltägliches im XXL-Format auf einen Sockel aus für die Stadt typischem Material, nämlich Sandstein, gehoben.

2 Goethefigur (links) an der Lambertikirche

Kommen Ihnen zwei der Heiligenfiguren an der zum Prinzipalmarkt gerichteten Fassade der Lambertikirche nicht bekannt vor? Richtig, es handelt sich um die Dichterfürsten Goethe und Schiller. Der Bildhauer Anton Rüller (1864–1936) hat sie 1910 an der Kirche verewigt. Während man den nachdenklich schauenden Goethe sofort erkennt, scheint Schiller weniger gelungen, da Rüller das Antlitz des heute wenig bekannten jungen Schiller in Stein gemeißelt hat.

Kiepenkerl-Denkmal am Spiekerhof 3

Das Kiepenkerl-Denkmal am Spiekerhof, eine Replik der ursprünglich vom Münsterschen Bildhauer August Schmiemann (1846–1927) angefertigten Statue, zeigt einen wandernden Händler wie er früher im Münsterland unterwegs war, mit Leinenkittel, Halstuch und Mütze, Knotenstock und Kiepe, gefüllt mit den Erzeugnissen des Landes, wie Eier, Schinken und Gemüse. Er war nicht nur wegen seiner Waren willkommen, sondern auch wegen der neuesten Nachrichten, die er mitbrachte. Das Original-Denkmal hatte den 2. Weltkrieg zwar unbeschadet überstanden, war aber von einem englischen Panzer bei einem Wendemanöver vom Sockel gestürzt worden.

Sie lebte und arbeitete von 1826–1846 im nur wenige Kilometer von Münsters Innenstadt entfernten Rüschhaus: Annette von Droste-Hülshoff, die bedeutendste Dichterin Westfalens und bekannteste deutsche Dichterin des 19. Jahrhunderts (1797–1848). Von ihrem stillen Platz, versteckt zwischen Bäumen am Rande des Altstadtgürtels, schaut sie auf das bunte Leben auf der Promenade.

1 Büste der Annette von Droste-Hülshoff an der Kreuzschanze

Überfrau von Tom Otterness 2

Als Personifikation der Weisheit und Freiheit steht die über 8 m hohe „Überfrau" von Tom Otterness (*1952) zwischen den beiden Teilen der Stadtbücherei. Nur von Nahem zu erkennen sind die kleinen Figuren zu ihren Füßen, die mit Werkzeugen ausgerüstet sind. Bauen Sie die „Überfrau" auf oder etwa ab?

Auch Henry Moore (1898–1986) ist in Münster vertreten. Seine Bronzeplastik „Large Vertebrae" vor der Landesbausparkasse in der Himmelreichallee zeigt drei überdimensionale Wirbel, die man aus verschiedenen Blickwinkeln erschließen kann. Das Werk hat samt Sockel einen Umfang von 72 Kubikmetern.

3 Large Vertebrae vor der LBS

1 100 Arme der Guan-yin

50 Arme ragen angebracht an dem Marc Duchamps „Flaschentrockner" nachempfundenen Kunstwerk von Huang Yong Ping (*1954), teils mit profanen Utensilien wie Besen und Haken versehen, in den Himmel. Die aus den „skulptur.projekten 1997" stammende südlich der Ludgeri-Kirche auf dem Marienplatz stehende Skulptur trägt in Anspielung auf die tausendarmige buddhistische Göttin auch den Namen „100 Arme der Guan-yin". Auslöser für diese Darstellung war nach den Angaben des Künstlers die Christusfigur in der Ludgerikirche, die bei einem Bombenangriff im 2. Weltkrieg beide Arme verlor.

2 Skulptur von unten

Da steht er nun im Eingangsbereich des Allwetterzoos und grinst in sich hinein: Hermann Landois (1835–1905), münstersches Original und Gründer des Westfälischen Zoologischen Gartens zu Münster. August Schmiemann, münsterscher Bildhauer (1845–1927), schuf neben dem Kiepenkerl-Denkmal auch die Statue des „unwiesen Professors", wie er wegen seiner schrulligen Art genannt wurde, und anerkannten Naturwissenschaftlers mit akribischer Genauigkeit im Hinblick auf Haltung, Gestik und Mimik des Professors noch zu dessen Lebzeiten. Ein besonderer Gag ist der Nistkasten für Vögel in seinem Hut, damit – wie Landois es in seiner ihm eigenen Art selbst anmerkte – das Denkmal auch "zu etwas nütze sei".

3 Landois-Statue im Allwetterzoo

Pardo-Steg am Aasee 1

Still ruht der See – und auf diesem 40 m langen Steg mit Aussichtsplattform und offenem Pavillon, dem Pardo-Steg, wie er im Volksmund genannt wird, hat man den besten Ausblick über den Aasee einschließlich der Skyline der Stadt. Die Installation trägt den Titel „Pier“ und stammt von dem kubanischen Künstler Jorge Pardo (*1963), der sie anlässlich der „skulptur.projekte 1997“ errichtet hat.

2 The moon in Alabama

Im Bahnhofsviertel prägen Lichtinstallationen das Stadtbild: Tobias Rehberger (*1966) hat für sein Kunstobjekt „The moon in Alabama“ elf graue Schaltkästen für Telekommunikation und Verkehrsregelung mit spielerisch-bunten Röhren und Sitzobjekten sowie runden Leuchtkugeln, die jeweils den Mond verkörpern sollen, ausgestattet.

Blumen, Obst & Gemüse, Nippes & Kunsthandwerk, Riesenrad & Geisterbahn

Marktplatz Münster

Auf dem Markt lernt man die Leute besser kennen als in der Kirche, besagt schon ein altes Sprichwort.

Zwei Mal wöchentlich findet auf dem Domplatz der farbenprächtige Wochenmarkt mit über 150 Ständen statt – mit Aussicht auf diverse historische Bauwerke, den St. Paulus-Dom, den Kirchturm der Überwasserkirche, das Rathaus und den Kirchturm der Stadt und Marktkirche St. Lamberti ein wahrlich malerisches Ambiente. Ein Meer an Blumen, Obst und Gemüse, Fisch und Fleisch, Brot und Kuchen, Eier, Käse und Milch, aber auch Gewürze, Tees, Öle, Schmuck, Hundekekse und natürlich Reibekuchen, Brötchen mit Backfisch sowie der berühmte Schlag aus der Gulaschkanone locken nicht nur die Münsteraner sondern auch die Besucher des Umlands hierher.

Wochenmarkt auf dem Domplatz

Promenadenflohmarkt

Omas Kaffeekanne, ein Karussellpferd oder altes Tafelsilber? Ein Chapeau claque, eine Büste der Annette von Droste-Hülshoff oder der röhrende Hirsch in Öl? Entlang der Promenade, vom Schlossplatz bis zum Aasee, findet fünf Mal im Jahr der Flohmarkt statt. Hier gibt es auch Sachen, von denen Sie noch gar nicht wussten, dass Sie sie brauchen. Für Schnäppchenjäger und Sammler ein wahres Eldorado!

Münsters größtes Volksfest, der Send, findet drei Mal im Jahr – im Frühjahr, Sommer und Herbst – vor traumhafter Kulisse statt. Vor dem fürstbischöflichen Schloss finden sich über 200 Schaustellerbetriebe ein. Vom weithin sichtbaren Riesenrad bis zum nostalgischen Kettenkarussell oder zur Geisterbahn mit rotäugigen Plastikskeletten, vom High-Tech-Fahrgeschäft bis zum kleinen Markt für Haushaltswaren, vom Stand mit Zuckerwatte, Popcorn und Paradiesäpfeln bis zum Backfischbrötchen und dem schreienden Losverkäufer ist alles vorhanden.

Riesenrad auf dem Send

Sendschwert

Und damit auch in der Innenstadt immer und allzeit sichtbar ist, dass der größte Jahrmarkt im Münsterland gerade wieder stattfindet, wird das Sendschwert, ein hölzerner Arm mit einem aufrecht gehaltenen Schwert, am Rathaus ausgehängt. Bereits seit 1578 werden die Jahrmärkte durch dieses Zeichen angezeigt.

Alle Jahre wieder zur Adventszeit erstrahlt Münsters Innenstadt nicht nur im Glanz seiner angestrahlten historischen Gebäude, sondern zusätzlich im Lichterglanz seiner mittlerweile fünf Weihnachtsmärkte, die sich wie die Perlen an ei-

2 Giebelhüüskesmarkt an der Überwasserkirche

1 St. Lamberti Lichtermarkt

ner Schnur einmal durch die Stadt ziehen, jeder mit seinem eigenen Flair. Zum Lichterglanz und zu den weihnachtlichen Klängen der Straßenmusiker und der Stände mischt sich der Geruch von gebrannten Mandeln, Zimtwaffeln und Glühwein. Engel und Nikoläuse aus allen möglichen Materialien, von Metall bis Lebkuchen, Krippen, Holzspielzeug, Weihnachtskugeln und -sterne zaubern hier eine vorweihnachtliche Atmosphäre, die nicht nur die deutschen Besucher sondern gleichermaßen auch insbesondere unsere holländischen Nachbarn begeistert. Zu keiner Zeit begrüßt Münster so viele Tagestouristen wie in der Weihnachtszeit.

Halle Münsterland

Der größte Marktplatz in Münster ist auch gleichzeitig das größte Veranstaltungszentrum der Region: das Messe- und Congress Centrum Halle Münsterland, in dem nicht nur internationale Messen sondern auch Fachkongresse und Konzerte stattfinden. 20.000 qm Ausstellungsfläche sowie 800 qm Sonderschaufläche und 10.000 qm Freifläche stehen hier für Messen zur Verfügung.

Schnellstraße für Radfahrer, Paradies für Jogger, Fußgänger & Kaninchen

Die Promenade

Wo einst die alten Stadtmauern standen, zieht sich die Promenade mit ihrer Lindenallee wie ein grüner Gürtel mit einer Länge von 4,8 km als autofreie Zone um die Altstadt.

Mit der Promenade hat Münster nicht nur wundervolle Spazierwege, sondern als einzige Stadt eine „Fahrrad-Autobahn". Man fährt auf der grünen Schnellstraße bis in Zielpunktnähe und biegt dann von der Rundstrecke ab. Dank dieser einzigartigen Infrastruktur ist man in Münster mit dem Fahrrad in aller Regel schneller an jedem Punkt der Innenstadt als mit dem Auto oder mit öffentlichen Verkehrsmitteln.

Radfahrer auf der Promenade

Seit dem 13. Jahrhundert war Münster durch ein starkes Befestigungssystem mit einem Wassergraben und einem mächtigen Erdwall mit Wachhäusern und Türmen gesichert. Nach dem Siebenjährigen Krieg ließ Franz von Fürstenberg (1729–1810), fürstbischöflicher Minister und Gründer der Universität, die mächtige Befestigungsanlage beseitigen, um hier nach den Plänen des berühmten Barockbaumeisters Johann Conrad Schlaun (1695–1773) eine Promenade zu bauen. Eine Lindenallee auf den Wällen sollte einen grünen Ring um die Stadt bilden. Sie hat Münsters Ruf als „schöne Stadt im Lindenkranze", als die sie in dem bekannten Volkslied besungen wird, begründet.

1 Promenade im Herbst

Heute erlebt man die vier Jahreszeiten in dieser Lindenallee besonders intensiv: erstes zartes Grün im Frühjahr, süßlicher Lindenblütenduft im Sommer, buntes Laub im Herbst und im Winter ein dichtes Dach aus kahlen Ästen und Zweigen – ein Naherholungsgebiet mitten in der Stadt.

Schneeparadies im Winter 2

Einzige Relikte der ehemaligen Stadtbefestigung sind der Buddenturm als letzter erhaltener Stadtturm der ehemals sechs Wehrtürme des inneren Befestigungsrings und die Wasserbären an der Kleimannstraße und auf dem Gelände des alten Zoos, die sofort an den Allwetterzoo denken lassen, mit der Zoologie aber nun gar nichts gemein haben.

Zehn sog. Wasserbären – ihr Name ist wohl abgeleitet von Wasserwehren – dienten als zusätzliche Hindernisse im Graben der äußeren Stadtbefestigung.

Wasserbär

1 Buddenturm

Zwinger 2

1528 zur Sicherung der Stadtbefestigung errichtet, liegt der Zwinger mit seinen 2 m dicken Mauern heute noch wie ein mächtiges Bollwerk an der Promenade, auch wenn ihm seit dem 2. Weltkrieg sein Kegeldach fehlt. Er hat eine sehr wechselvolle Geschichte hinter sich und diente auch als Hinrichtungsstätte der Gestapo. Seit 1997 ist die Ruine ein „Mahnmal für die Opfer der Gewalt".

Adelshöfe, Glas & Giebel

Balance zwischen Historie und Moderne

Mit dem wieder aufgebauten Prinzipalmarkt, dem Dom, dem Schloss und seinen zahlreichen historischen Kirchengebäuden hat Münster nicht nur stolz seine Geschichte bewahrt, sondern zugleich mutig mit modernen, behutsam dazwischen integrierten Bauwerken wie der Stadtbibliothek, den Arkaden und der Stubengassenbebauung reizvolle Gegensätze geschaffen.

Einige wenige Adelshöfe sind noch in der Stadt vorhanden und geben Zeugnis über die von westfälischen Adelsfamilien bewohnten Häuser. Sie waren kleine schlossähnliche Gebäude, die die Adelsfamilien insbesondere im Winter als Stadtwohnsitz nutzten. Meistens zeigen sie eine perfekte Symmetrie und sind an ihren Baumaterialien, Baumberger Sandstein, roter Backstein und weißen mehrfach unterteilten Fenstern, unschwer zu erkennen. Dieser Stil, auch als „Westfälische Sinfonie" bezeichnet, weist auf den Barockarchitekten Johann Conrad Schlaun (1695–1773) als Baumeister hin.

Erbdrostenhof an der Salzstraße

Münsters schönster Adelshof ist der dreiflügelige Erbdrostenhof an der Salzstraße. Er wurde von Schlaun 1757 fertig gestellt und diagonal auf ein verhältnismäßig kleines Eckgrundstück gesetzt. Schlaun hat hier sozusagen aus der Not eine Tugend gemacht. Indem er die Hypotenuse für die wunderschöne Front des Gebäudes nutzte, wurde der Blick auf die weniger prunkvollen Nebengebäude verhindert.

Der Heeremansche Hof an der Königstraße hat den 2. Weltkrieg leidlich überstanden. Er gilt als eines der Hauptwerke der Renaissance in Münster und beherbergt heute das Oberverwaltungsgericht und den Verfassungsgerichtshof NRW.

Heeremanscher Hof 1

2 Rüschhaus Gartenansicht

Haus Rüschhaus, vor den Toren der Innenstadt gelegen, gilt als Kleinod spätbarocker Architektur. Annette von Droste-Hülshoff (1797–1848), Westfalens bekannteste Dichterin, lebte und arbeitete in dem von ihr liebevoll Schneckenhäuschen genannten Gebäude von 1826–1846.

Rüschhaus Frontansicht 3

1 Schloss Wilkinghege

Ein für das Münsterland typisches Wasserschloss mit Rittersaal, über 400 Jahre altem Schlosskeller und Hochzeitskapelle befindet sich im Norden der Stadt. Heute beherbergt Schloss Wilkinghege ein Hotel und ein Restaurant.

2 Gebäude der Bezirksregierung

Geschichte im Spiegel der Moderne und zwar im wahrsten Sinne des Wortes: In der modernen Glasfassade der Bezirksregierung spiegelt sich der mächtige alte St. Paulus Dom.

Theaterinnenhof 3

Vorhang auf für die gelungene Vereinigung von Alt und Neu! Und das nicht nur für die Einbeziehung der Ruine des Romberger Hofes, eines alten Adelspalais, in den 1956 eröffneten Neubau des Stadttheaters, dem ersten Theaterneubau Deutschlands nach dem 2. Weltkrieg, sondern auch für die friedliche Eintracht von Alt und Neu im Hintergrund, den Turm der Lambertikirche und das Gebäude der Volksbank.

Überwasserkirche hinter der Diözesanbibliothek 1

Auch die Liebfrauen-Überwasserkirche und die Diözesanbibliothek, die zentrale Bibliothek des Bistums Münster – mit über 700.000 Bänden und mehreren 100 historischen Handschriften eine der umfangreichsten theologischen Bibliotheken Deutschlands – sind ein gelungenes Beispiel für zeitgenössische Architektur im historischen Kontext.

Fassade im Kreuzviertel 2

Hier möchten alle wohnen – stadtnah und mit besonderem Flair: die aufwändig verzierten Altbauten aus der Jahrhundertwende des 19./20. Jahrhunderts im Kreuzviertel, typischerweise ausgestattet mit zwei Obergeschossen und einem Dachgeschoss.

3 Häuser im Kreuzviertel

Gebäude der LBS 1

Wie ein mächtiges im Hafen liegendes Schiff thront das von dem münsterschen Architekten Harald Deilmann Ende der sechziger Jahre entworfene Gebäude der LBS auf der grünen Wiese in unmittelbarer Nähe zum Aasee.

2 LBS bei Nacht

3 Fassaden in der Stubengasse

4 Stubengasse

Mit versetzt angeordneten Ebenen wirken die einzelnen Gebäude des Hotels in der Stubengasse nicht so dominant. Zusammen mit dem benachbarten Hanse Carré, bei dem Einfamilienhäuser mit kleinen Gärten auf die Dächer von Büro- und Geschäftshäusern gesetzt wurden, gewann die Stubengassenbebauung den Städtebaupreis 2010.

Iduna-Hochhaus 2

Ein Riese unter Denkmalschutz: Das elfgeschossige Iduna-Hochhaus, ein Büro- und Geschäftshaus, wurde Anfang 1960 in Stahlbetonskelettbauweise errichtet.

3 Krameramtshaus (rechts)

Aus 1589 stammt das für die Gilde der Händler errichtete Krameramtshaus am Alten Steinweg mit Staffelgiebel, Fächerrädern und einer schmiedeeisernen Wetterfahne. Es ist eines der wenigen Innenstadtgebäude, das den Zweiten Weltkrieg ziemlich unbeschadet überstanden hat.

In unmittelbarer Nachbarschaft zum Krameramtshaus befindet sich die 1993 eröffnete Stadtbibliothek, eine der meistgenutzten Großstadtbibliotheken in NRW. Ihre außergewöhnliche Architektur, zwei Gebäudeteile – eines davon schiffsähnlich –, die durch eine Brücke im 1. Obergeschoss und ein gemeinsames Untergeschoss verbunden sind, zieht nicht nur Bücherfreunde an.

1 Eingang der Stadtbücherei

2 Glaskuppel der Münster-Arkaden

Eine Passage mit ca. 40 Läden bildet das Herzstück der Münster-Arkaden, die 2006 eröffnet wurden. Sie geben zur Rothenburg und zur Ludgeristraße gerichtet in moderner eckiger Bauweise die Bogengänge des Prinzipalmarkts wieder.

Fassade der Münster-Arkaden an der Ludgeristraße 3

Modern aber mit vom gotischen Baustil inspirierten Spitzbögen in der obersten Etage präsentiert sich das Bank- und Geschäftshaus Ecke Rothenburg/Königsstraße in unmittelbarer Nähe zu den Münster-Arkaden.

Geschäftshaus Königstraße Ecke Rothenburg 1

Blick vom Aasee auf die LVM-Bürotürme 2

3 LVM-Versicherung

Ein auffallender Büroturm in Aaseenähe, 63 m hoch, gläsern, leicht schräg gen Himmel gerichtet, mit seinem 7 m höheren Nachbarturm, dem er sichtbar zu-"geneigt" ist, und beide verbunden mit einem gläsernen Gang, gehören zum Bürokomplex der LVM-Versicherung.

Gaudeamus igitur, Kneipenkultur & Kultkneipen Münsters Kneipenszene

„Ein Eldorado für Spießbürger – Cavete Münster!" Die von dem münsterschen Studenten Winfried Weustfeld 1958 im „Semesterspiegel" veröffentlichte Warnung wird heute noch in der Speisekarte der „CAVETE", der ältesten Studentenkneipe der Stadt, zitiert: "Ein Nirwana auf Erden! Ade Lebensfreude, Heiterkeit und Humor! Du bist verbannt aus diesen Mauern."

Kein Wunder, dass bei diesem Stoßseufzer zwei Jahre später die „Akademische Bieranstalt CAVETE" von zwei Studenten gegründet wurde, die sich bis heute großer Beliebtheit nicht nur unter Studenten erfreut.

Heute hat Münster zahlreiche Kultkneipen in der ganzen Stadt. „Gaudeamus igitur" heißt es dabei im Kuhviertel, Münsters historischem Kneipenviertel mit typischen westfälischen Restaurants und Studentenkneipen. Im Sommer gleicht das Viertel einem großen Biergarten, da sich hier Kneipe an Kneipe mit draußen aufgestellten Biertischen und -bänken befindet. Absolutes Muss ist die Altbierbowle, ein Kultgetränk bestehend aus Altbier mit Fruchtsirup und Erdbeeren oder Pfirsichen.

JEVER
ZIEGE

1 Aushänger „Cavete"

2 Aushänger „Pinkus Müller"

3 Typische Altbierbowle

Und noch eine Besonderheit hat das Kuhviertel zu bieten: die „Altbierbrauerei Pinkus Müller". Während früher 150 Altbierbrauereien in Münster ihr Bier brauten, führt heute nur noch eine ihr traditionsreiches Geschäft seit 1816 fort: Pinkus Müller. Heute werden bei Pinkus von den 10 köstlichen Hopfen- und Malz-Spezialitäten 20.000 Hektoliter pro Jahr produziert.

1 „Blaues Haus“ und Münsters kleinste Kneipe „Ziege“ im Kuhviertel

Nicht nur wer in Münster studiert hat schaut bei einer Stippvisite in der Stadt gerne hier herein: die Traditionsgaststätte „Stuhlmacher“ in unmittelbarer Nähe zum Rathaus.

„Stuhlmacher“-Aushänger 2

3 „Stuhlmacher“

Und damit man die Kneipen in Münster auch sofort findet, haben viele ihre berühmten und vielfach auch kunstvollen Aushänger entsprechend über der Tür positioniert.

Westfälische Gastlichkeit am Kiepenkerl-Denkmal

Und an einem der schönsten Plätze Münsters, am Spiekerhof, findet man direkt drei Kiepenkerle: das ursprünglich von August Schmiemann erstellte Denkmal des früheren „reisenden Kaufmanns" steht hier eingerahmt vom „Großen Kiepenkerl" und vom „Kleinen Kiepenkerl", zwei typisch westfälischen Gasthäusern mit bodenständig regionaler Küche nach Hausmacherart.

Hafen

Wie Phoenix aus der Asche hat sich der einst fast verfallene Hafen zum Szeneviertel gemausert: Cafés, Restaurants und Bars, Fußball auf Großbildschirmen, Agenturen, Architekten, Anwälte, Fitnessstudios und ein restaurierter Getreidespeicher mit über dreißig Künstlerateliers.

Bei gutem Wetter ist der Hafen ein großes Open-Air-Spektakel, bei dem man seinen Longdrink im Sand unter Palmen genießen oder ganz einfach auf der Kaimauer sein Bierchen trinken kann. Dazu sorgen verschiedene Restaurants für das leibliche Wohl: deutsche, italienische, lateinamerikanische oder internationale Küche. Und damit nicht genug: drei Tage (und Nächte) wird auf Münsters maritimer Ausgehmeile einmal im Jahr das Hafenfest gefeiert. Das bunte Programm mit viel Musik ist einer der Höhepunkte im Veranstaltungskalender der Stadt.

Pumpernickel, Pannekoken & Schinken

Typisches aus Münsters Küche

Münsters Küche ist die westfälische Küche, sie ist gehaltvoll und deftig mit bodenständigem Charakter und . . . lecker, allerdings für Kalorien zählende Magermodels wenig geeignet. Selbstverständlich finden sich auch hier nach dem Motto „Althergebrachtes neu überdacht" viele feinere Varianten.

Mit den Namen einiger typischer Gerichte auf den Speisekarten hat die Küche Erstaunliches zu bieten, wie z.B.:

Schlodderkappes – ein Gericht aus Kartoffeln und Weißkohl,

Potthucke – ein Auflauf aus geriebenen Kartoffeln und saurer Sahne,

Blindhuhn – ein Eintopf aus weißen Bohnen, Kartoffeln, Birnen und Speck, allerdings ohne Huhn, der Name rührt daher, dass selbst ein „blindes Huhn" in diesem Eintopf etwas Gutes finden sollte.

Beginnen wir mit den berühmtesten Vertretern aus Münsters Küche: Man kann ihm nämlich eine steile Karriere attestieren, dem kompakten dunkelbraun bis schwarzen Roggenvollkornbrot mit karamellisierter Stärke. Zwar wird es von einer Minderheit immer noch mit Sägespänen verglichen, für viele ist es jedoch verdientermaßen zu einer Art kulinarischem Nationalheiligtum mutiert, insbesondere als Unterlage zum sog. „münsterländischen Dreigestirn", Pumpernickel mit westfälischem Schinken und einem kühlen Bier, allenfalls noch getoppt durch ein Spiegelei oder einen echten westfälischen Korn oder beides.

BRINKHOFF's

1 Pumpernickel

Blindhuhn 2

3 Münsterländer Struwen

Aber es gibt auch Feinschmeckervarianten wie Pumpernickelcreme und -pudding, Pumpernickelsauce und -krokant. Über den Ursprung des Namens Pumpernickel streiten die Experten. Die amüsantere Geschichte ist bestimmt die, wonach ein napoleonischer Soldat, nach dem Verzehr des Brotes gesagt haben soll, dass es nur für sein Pferd „Nickel" tauge (c'est bon pour Nickel). Dröger ist die einfachere Wortherleitung von „bonnum particulum" (gutes Brötchen).

Und dann der Schinken – in Westfalen hängt angeblich der Himmel voller Schinken. Und in der Tat gibt es einen solchen „westfälischen Himmel", nämlich den Raum über dem Herdfeuer, wo in alten Bauernhäusern und heute auch noch in Wirtsstuben wie bei „Pinkus Müller" im Kuhviertel der Schinken vor sich hin trocknet.

Ein echter geräucherter Schinken aus dem Münsterland hat ein besonders feines Aroma, er schmeckt leicht nussig, trocken und mürbe. Schon Heinrich Heine (1797–1856) bezeichnete das Münsterland in seinem Widmungsgedicht „An Fritz von Beughem" als „Vaterland der Schinken".

Das traditionelle Karfreitagsgericht im Münsterland ist der Struwen. Allerdings spricht nichts dagegen, diese leckeren Hefepfannkuchen auch an anderen Tagen zu genießen.

Pannekoken mit Pillewörmern 1

Goldgelb mit Pillewörmern (gebratenen Schinkenstreifen) und dazu Apfelkompott, das ist nur eine Variante des Pannekoken. Er existiert natürlich in ganz verschiedenen Geschmacksrichtungen, z.B. auch als Buchweizenpfannkuchen mit Rübenkraut.

Aber auch ein echtes westfälisches Töttchen ist ein Genuss. Während es früher ein Armeleuteessen, hergestellt aus Innereien, war, besteht diese münstersche Spezialität heute aus Kalbsrolle, Kalbskopf und Kalbsherz und hat Ähnlichkeit mit einem Ragout fin.

Eine weitere Spezialität ist das sog. Möppkes- un Liärberbraut (Wurste- und Leberbrot). Ersteres wird aus Schweinefleisch, Leber, Zwiebeln, Mehl und Gewürzen hergestellt, letzteres besteht aus Blutwurst und Getreideschrot. Beide werden nicht als Brotbelag verwendet, sondern in Scheiben geschnitten, gebraten und mit Schmoräppelkes (gebratene Apfelscheiben) und Rübenkraut serviert.

2 Möppkes- un Liärberbraut

Aus Fleisch und Brot besteht der sog. Pfefferpotthast, ein sehr altes westfälisches gulaschähnliches Schmorgericht, das früher gerne auf Hochzeitstafeln zu finden war. Es wird mit vielen Zwiebeln gekocht, der Fonds wird mit altem geriebenem Brot gebunden. Serviert wird ein Pfefferpotthast mit Salzkartoffeln, Roter Bete und Gurke.

Pfefferpotthast 3

Nicht vergessen – egal was Sie essen, trinken Sie auf jeden Fall ein „Schnäpsken", einen echten Münsterländer Korn, hinterher!

Kapitel 12

Und zum Schluss: Der Münsterländer

Westfälisch stur & intelligent?

Der Münsterländer selbst wird als eher stur beschrieben und nur zu gerne wird das mit der Geschichte der Erschaffung dieser Spezies belegt: Christus ging mit dem Apostel Petrus durch die Eichenwälder, die Münster einst umgaben, spazieren. Petrus gefiel diese Gegend und er fragte Christus, ob er nicht einen Menschen erschaffen wollte, der dieses Land bewohnt. Daraufhin stieß Christus mit dem Fuß an einen Erdklumpen, der vor ihm lag und erschuf daraus einen großen und starken Menschen. Dieser aber – statt sich dankbar zu zeigen – sprang auf und knurrte: „Wat stöt hei mi?" (Was stößt er mich?)

Ob die Charakteristik richtig ist? Na ja, nicht umsonst heißt es hier „Man kennt einen Münsterländer erst, wenn man einen Sack Salz zusammen gegessen hat.". Aber dann ….!

Als sehr lernfähig und sehr intelligent wird allerdings das Namenspendant des Münsterländers auf vier Pfoten im Hundeverzeichnis und Hunderassen-Portrait beschrieben. Die Ursprünge der Vierbeiner liegen, wie ihr Name schon sagt, im Raum Münster. Hier wurden die Jagdhunde bereits im 19. Jahrhundert aus den mittelalterlichen Habichtshunden gezüchtet.

Die in diesem Werk enthaltenen Informationen sind seitens Autor und Verlag mit größter Sorgfalt zusammengestellt und geprüft worden. Allerdings kann keine Haftung für die Richtigkeit der Informationen übernommen werden. Für Anregungen und Hinweise sind wir dankbar.

Fotonachweis:
S. 9 Bild 2: Presseamt Münster/Münsterview; S. 17 Bild 1: Presseamt Münster/Münsterview;
S.21 Bild 2: Helmut Peter Etzkorn, Münster, S. 37 Bild 1: Allwetterzoo Münster;
alle anderen Fotos: Gösta Clemens Peter, Münster

Unter dem Titel „Münster at its Best – The Sightseeing Book" (ISBN 978-3-943557-37-4)
ist dieser Titel auch in englischer Sprache erhältlich.

Impressum:

Münster – Lebenswerteste Stadt
Unveränderter Nachdruck der 2. Auflage

www.muenstermitte-medienverlag.de

Satz und Layout: Stefanie Meyer; Münster
Titelgestaltung: Stefanie Meyer, Münster
Titelfotos: Gösta Clemens Peter, Münster
Druck: Bitter & Loose GmbH, Greven

ISBN: 978-3-943557-36-7